ACADÉMIE DES JEUX FLORAUX.

ÉLOGE DE M. FLORENTIN DUCOS,

Lu en séance publique le 13 février 1876;

Par M. Albert VILLENEUVE,

Un des quarante Mainteneurs.

MESSIEURS,

Notre Académie se découronne. La mort nous enlève coup sur coup l'imposante auréole que la présence des vieillards imprime aux réunions des hommes. Voilà qu'après M. de Raynaud disparaissent successivement MM. Ducos, Sauvage, du Gabé, Rodière, de Rémusat, et Legagneur; ils étaient pleins de jours sans doute, mais le temps avait à peine entamé leurs intelligences vigoureuses. Nous devions espérer que leur lampe, avant de s'éteindre, jetterait encore quelques clartés dans la nuit qui commençait à s'épaissir autour d'eux. Dieu ne l'a pas permis. Il les a rappelés à lui presque tous à la fois. Prions-le d'accorder à ceux qui survivent, d'atteindre comme eux aux limites de la vie humaine, pour qu'il nous soit toujours donné de montrer aux jeunes générations, ce que la pratique des lettres ajoute de majesté aux têtes blanches de ceux qui les ont cultivées avec amour.

L'éloge de notre regretté confrère M. Ducos, dont l'Académie a bien voulu me charger avec plus de bienveillance pour moi, que de sollicitude pour lui, me paraît d'autant plus facile à faire, qu'il est écrit en entier dans les livres et de la main de M. Ducos. Je tâcherai d'en dégager ce qui me semblera indispensable pour le bien faire connaître. Mais je puis tout d'abord affirmer, dans le prélude de cet éloge, que M. Ducos fera partout preuve de fermeté, d'indépendance, et de désintéressement; nous le trouverons doué de finesse et de sensibilité, en même temps que d'une rare puissance de travail; enthousiaste admirateur des beautés de la nature, patriote sincère, et surtout très-fier de sa ville natale. Son esprit, sans être léger, était narquois et malin, comme il convient à un gascon de bonne roche, empreint d'une forte odeur de terroir; mais sans fiel, comme sans noirceur. Quant à ses œuvres littéraires, le vrai côté par lequel il nous appartient, l'appréciation sera plus complexe.

Je ne crois pas que l'éloge d'un homme de lettres consiste à trouver beau tout ce qui s'est échappé de sa plume. Nous avons une mission plus haute que celle d'embaumer nos morts. Nous devons au public à qui nous parlons, à l'art que nous sommes fiers de comprendre et de représenter, nous devons à notre propre dignité de dire la vérité sur les œuvres et sur les auteurs, comme nous la sentons; de juger celui dont nous faisons l'apologie, avec ces formes courtoises qui sont d'usage chez les gens bien nés, surtout entre confrères qui s'estiment et se respectent comme étant tous issus du libre choix de l'Académie. M. Ducos ne doit que gagner à cette liberté d'appréciation.

Joseph-Antoine-Marie-Florentin Ducos, était né en 1789, année si féconde en grands résultats pour la société française; je devrais dire pour l'Europe entière. Il semble que cette date fatidique ait exercé son influence sur les principes politiques qu'il professera toute sa vie, avec une discrétion d'autant plus méritoire, que nul ne pouvait apporter à l'expansion de ses idées, autant d'élévation et de bon sens. Un goût décidé pour les idées libérales, une admiration patriotique pour les gloires du grand Empire, ont fait le fonds immuable des opinions de notre respectable confrère.

Vers l'époque où naissait M. Ducos, notre pays se prépare évidemment, par des enfantements successifs, à produire les trois poëtes qui vont illustrer la première moitié de notre siècle, comme si la nature procédait par élans à la manifestation de sa plus grande puissance. Avant Lamartine, Victor Hugo, et Musset, nous voyons naître, à quelques années d'intervalle, Baour en 1772, Béranger en 1780, Soumet en 1786, Guiraud en 1788, Delavigne en 1793, et Barthélemy en 1796. Je n'ai pas la prétention d'assimiler M. Ducos à la plus modeste de ces célébrités; mais je dis que, par la vigueur et la facilité de sa poésie, il ne fut pas sans affinités avec Barthélemy et Guiraud; par la solennité de ses alexandrins avec Baour et Soumet; et, par la verve et le mordant de sa pensée avec notre Béranger. Mais s'il eut quelques-unes de leurs qualités, est-ce à dire qu'il doit être mis sur le même plan qu'eux? Un coup d'œil sur ses ouvrages sera notre réponse.

M. Ducos a rarement perdu de vue le clocher de Saint-Sernin. S'il a fait quelques voyages fugitifs à Paris, ce fut à un âge où son empreinte était depuis longtemps définitive. Ses horizons ont peu varié. Il n'a pu étudier que dans les livres. Une société d'élite, des habitudes distinguées, une fortune plus indépendante au cours de sa jeunesse, lui auraient donné plus de confiance en lui-même, plus de spontanéité. Il se serait mu plus originalement en suivant les instincts de sa nature qui était inventive, riche et vigoureuse. Mais sa puissance, enchaînée par les circonstances extérieures, ne sut pas sortir des ornières de la vieille tradition poétique. Il entra dans les voies qu'il trouvait ouvertes, et ne chercha pas un sentier à l'écart; son imagination n'eut pas assez de confiance en elle-même; il ne put pas découvrir des horizons nouveaux, et, faute de stimulants dans la société qui l'entourait, il aima mieux se faire remorquer par les traditions d'une poétique qui commençait à être surannée.

Bien d'autres causes ont dû agir sur notre confrère. A l'époque où se développait son esprit, à la fin du dernier siècle et à l'aube de celui-ci, la langue française était moins répandue que de nos jours dans notre Midi. Le commerce et le commun des habitants ne parlaient que patois.

Le patois était le langage exclusif de la première enfance. Trop souvent de belles et puissantes natures méridionales ont gardé l'empreinte de l'usage prolongé de notre idiome demeuré à l'état rudimentaire, malgré les beaux écrits de Goudelin et de Jasmin. Parlé seulement aujourd'hui par les habitants des campagnes, le patois se retire, et n'aura plus d'influence sur les écrivains de notre région. Il ne pourra plus, comme autrefois, être proposé comme circonstance atténuante de l'inélégance du style.

En outre, l'éducation de M. Ducos avait été un peu dérangée par des causes particulières. A l'âge de 13 ans, en 1802, il sortait prématurément de la pension Savy et Gary. La mort de son père le forçait alors à rentrer dans sa famille pour y prendre part à la vie commerciale. Il était ainsi détourné de bonne heure des études qui auraient façonné son goût et élevé son intelligence éminemment féconde. Nul effort ne remplacera plus tard la perte des précieuses années de travail à la première heure; le cerveau tendre encore reçoit à ce moment des impressions qu'il ne perdra jamais. Le premier pli ne s'efface plus.

A ces difficultés, une autre est encore venue se joindre. Ce fut la direction donnée à ses études ultérieures. Grâces à sa bonne nature, M. Ducos avait réagi, selon le possible, contre les nécessités de sa situation. Il avait complété énergiquement ses études. Bien d'autres que lui, moins épris des choses de l'intelligence, se seraient endormis dans l'épaisseur d'une atmosphère positive, avec l'unique préoccupation d'élargir leur modeste fortune. Mais lui, cultiva et développa son esprit si bien, qu'il put prendre ses degrés, devenir avocat, docteur en droit, et se livrer à la plaidoirie. Si la pratique du barreau n'est pas une initiation infaillible à la poésie, l'Académie sait, par son expérience de chaque jour, comment se concilient chez certains êtres privilégiés, les exigences des belles lettres et des affaires; quoique autrefois Boileau, les jugeant incompatibles, eût déserté la poudre du greffe pour les sentiers du Pinde et de l'Hélicon. Mais, cependant pour M. Ducos, arrivait l'âge où les chances de succès diminuent de jour en jour. Tout le monde ne peut, comme Milton, commencer un poëme épique à 52 ans, pour le finir à plus de 60. Virgile et le Tasse n'ont pas attendu si tard.

M. Ducos avait poussé l'étude du droit assez loin pour ne pas craindre de se présenter au concours du professorat. Il échoua. N'était-il pas trop épris de poésie pour réussir dans les subtiles déductions de la science de Cujas?

Quelques essais isolés avaient déjà révélé que M. Ducos était chatouillé secrètement par le démon poétique, et qu'il était sur le point de s'envoler vers d'autres horizons. Il n'avait que 19 ans, quand Napoléon Ier entrait à Toulouse, le 18 juillet 1808, dans le plus grand éblouissement d'une gloire sans exemple. Ivre d'enthousiasme, le jeune Ducos lui adressait une ode alors publiée par le *Journal de Toulouse*, et reproduite par un de nos spirituels confrères dans une autre enceinte.

Cette pièce, dans le goût d'alors, porte fortement le cachet de son auteur. Bien cadencée, pompeuse, généreusement rimée, elle est déclamatoire comme les œuvres de toutes les premières jeunesses. Le poëte finit par y comparer l'entrée de Napoléon à Toulouse, avec la sortie de Vénus du sein des mers.

Malgré ce début ambitieux, malgré ce prurit de renommée, M. Ducos se livra avec activité aux devoirs du barreau. A force de travail et de persévérance, il finit par y conquérir une situation qui ne fut pas sans quelque éclat. La carrière était du reste hérissée de difficultés, que le Code Napoléon, encore récent, faisait alors surgir de toutes parts. Beaucoup de questions naissaient des transformations successives de nos lois, pendant les périodes politiques et sociales que nous venions de traverser. Le droit écrit et le droit coutumier, le droit intermédiaire, les rentes et baux à locaterie, les censives jouaient un grand rôle auprès des tribunaux de l'empire. Il fallait étudier fortement plusieurs jurisprudences, et M. Ducos était absorbé dans les soins de sa clientèle. Le barreau d'ailleurs était plus lourd; la forme y était moins pure, le milieu bien moins poétique que de nos jours, quoique le monde le traite encore de barbare :

Barbarus his ego sum quia non intelligor illis.

Quoi qu'il en soit, M. Ducos avait déjà 36 à 37 ans, quand sa vocation littéraire s'accentua définitivement. En 1825 et 26, il obtient au concours de nos jeux quatre prix, qui font pencher la balance tout à fait du côté de la poésie. Thémis eut d'autant plus à souffrir de cette rivalité, que, quatre ans plus tard, il était nommé mainteneur, et que sa prédestination artistique dut lui paraître encore plus fatale.

Bientôt, en effet, et vers 1840, il publiait un recueil de fables et de moralités. Ce recueil, que je regarde comme son meilleur ouvrage, ne contenait pas moins de quatre-vingts pièces. Il eut un véritable succès, et deux éditions successives attestèrent le goût du public pour les œuvres de notre confrère.

Ce triomphe le lia irrévocablement au char des Muses; et ce fut parmi les enivrements de son succès que lui apparut la première pensée de la confection d'un poëme épique. Pour remercier Toulouse de l'accueil sympathique fait à ses fables, il voulut de ses mains élever un monument à la gloire de sa patrie. Dix ans après, l'ouvrage était terminé, et l'Épopée toulousaine ou *Guerre des Albigeois*, était imprimée à Toulouse, avec luxe, et sortait des presses de la veuve Dieulafoy. Vous aviez eu, Messieurs, les prémices de ce grand labeur à mesure qu'il sortait des mystérieuses profondeurs de sa pensée; car M. Ducos, académicien modèle, aimait à égrener devant vous les trésors de son intarissable écrin, et les mainteneurs de ce temps ne durent pas être étrangers, par leurs judicieuses remarques, aux beautés de détail qui étincellent dans les parties du poëme qu'il leur avait communiquées. Nous devenons un peu collaborateurs des œuvres dont nos confrères nous font la confidence, par les conseils que nous leur adressons. Que de fois j'ai senti l'influence salutaire de vos critiques, sur les pauvres essais que j'ai eu la bonne fortune de produire devant vous, et de soumettre à votre intelligente appréciation!

Tant de travaux, d'abnégation, une carrière si pleine et si honorablement remplie devaient avoir leur récompense. En 1842, M. Ducos était nommé conseiller de préfecture à Toulouse. Ces nouvelles fonctions et la confection de son poëme, auquel il consacra dix années de son existence, durent l'éloigner sensiblement du barreau où se produisait d'ailleurs une nouvelle génération d'avocats plus diserte, plus armée à la légère, moins embarrassée de science et d'érudition. Cinq ans plus tard, il était nommé chevalier de la Légion d'honneur, par un gouvernement honnête et jaloux de sa dignité. Quoique sa promotion fût antérieure à la publication de son grand poëme, il est certain que les fragments nombreux qui en étaient, chaque année, publiés dans votre recueil, durent entrer pour beaucoup dans la distinction dont il était l'objet.

Ce fut l'apogée de sa gloire. Vigoureux encore malgré ses soixante ans, confiant dans l'avenir d'une œuvre qui lui procurait déjà les sympathies de ses compatriotes et les faveurs du pouvoir, il devait espérer clore sa carrière dans un nimbe pur et lumineux. Mais l'orage approchait. La révolution de 1848, effet sans cause, allait, à quelques jours de là, renverser ce gouvernement éternellement regrettable qui l'avait distingué et tiré de la foule. M. Ducos fut destitué de ses fonctions de conseiller de préfecture. Son poëme déjà sous presse paraissait quelque temps après la révolution, au plus fort de la lutte entre le président de la République et l'Assemblée nationale; lorsque le public, tout entier aux phases de ce grand duel, ne prêtait qu'une attention distraite à la guerre des Albigeois, se souciait fort peu des faits d'armes de Simon de Montfort, et ne pouvait avoir d'oreilles pour la Muse qui réveillait si hors de propos le XIIIe siècle. Dégoûté de la vie publique, un peu revenu de ses rêves de gloire, mais toujours épris des choses de l'esprit, M. Ducos cessa de publier des vers, et passa les longues années de sa vieillesse dans un repos honorable, vous consacrant exclusivement le fruit de ses travaux, et animant vos séances particulières par la bonhomie de ses critiques bienveillantes, mais toujours saupoudrées de sel gaulois, et frappées au coin d'un bon sens énergique.

C'est ainsi, dans un déclin calme et serein comme sa conscience, avec le respect et la sympathie de tous ceux qui l'approchaient, qu'il vit arriver tranquillement une fin qui n'avait toujours été pour lui que le commencement d'une autre vie éternellement glorieuse. Il s'éteignait à Cugnaux, le 18 novembre 1873, à l'âge de quatre-vingt-quatre ans, au grand air, en pleine nature, pouvant encore voir par un beau soir se dessiner à l'horizon les cimes grandioses des Pyrénées, qu'il avait tant parcourues et tant aimées, et qui lui avaient inspiré son premier chant couronné dans les jeux de Clémence Isaure, il y avait plus d'un demi-siècle. Qui pourrait dire que ce laurier, encore vert malgré la fuite des ans, n'a pas fait sourire le vieux poëte à l'heure où son âme, brisant l'enveloppe terrestre, s'élançait au sein de la divinité. — Muses antiques, vous qui seules semblez avoir survécu aux divinités allégoriques de la Grèce, vous que nous prenons encore tous les jours à témoin; n'est-il pas vrai qu'après avoir inondé de vos joies la jeunesse du poëte de Toulouse, vous l'avez encore assisté et consolé à son heure suprême par cette vision lointaine flottant dans l'espace, au coucher de son dernier soleil !!!

Avant de vous entretenir de ses œuvres poétiques, j'arrêterai d'abord votre attention sur une autre partie intéressante de ses travaux, sur ses ouvrages en prose. Outre le remerciement obligé après sa réception à l'Académie, outre plusieurs semonces et résumptions, vous lui avez confié cinq fois l'éloge à faire de mainteneurs défunts ; triste service qu'il a bien mérité que nous lui rendions à son tour. Puissé-je apporter à l'apprécier, la vigueur d'esprit, la sagacité, et la bienveillance dont il a fait cinq fois preuve pour les autres !

Le poésie fait imparfaitement connaître et juger les habitudes du poëte. La prose est plus intime et plus transparente. Il me semble impossible qu'un volume de prose ne nous donne pas la clé du caractère et de la personne même de l'auteur. Cela tient évidemment à ce que la poésie est plus travaillée, plus châtiée, plus torturée. Elle vit de fictions et est soumise à des nécessités de rhythme et de rime qui lui enlèvent tout ce que la pensée a de primesautier, d'original et de particulier. La prose au contraire se plie plus facilement à toutes les nuances de la pensée ; elle est plus rapide, moins pétrie et donne ouverture à des surprises. Elle garde plus l'empreinte du caractère et des habitudes, tournures, manières de voir et de dire qui sont propres à l'écrivain. Il peut, il doit y laisser plus de son âme et plus de lui-même que le poëte à ses vers.

Aussi M. Ducos s'est-il peint tout entier dans ses œuvres en prose, heureusement conservées pour son apologiste, dans votre recueil annuel, dont M. Ducos fut le fournisseur le plus assidu, de 1825 à 1870, c'est-à-dire pendant 45 ans. Son style est clair, ferme, plein de relief. Nous allons l'y voir poser, marcher, se développer, s'y refléter, s'y peindre dans ses goûts et dans ses passions ; et nous sourirons doucement en voyant ce bon portrait de famille venir s'offrir à nous, et se détacher de son cadre pour nous exposer lui-même ce qu'il fut, ce que bien d'autres voudraient être : bon et intelligent ; grand par le cœur et grand par l'esprit.

M. Ducos commence par nous développer ses croyances littéraires. Dans son remerciement à l'Académie, il fournit une charge à fond contre les romantiques. Par son éducation de province, par ses études restreintes à la littérature antique, par la tournure de son esprit net et droit, mais un peu exclusif, il devait être fatalement, et il fut un champion du genre classique. Comme on est loin aujourd'hui de ces convictions ardentes, de ces colères sourdes, et de cette passion un peu frivole à nos yeux, qui l'agitent si vivement, le 14 février 1830 ; à la veille même de cette révolution qui va emporter en exil Charles X, sa dynastie et la sécurité de la France. Voici en quels termes son indignation se fait jour :

« M. de Cardonnel (son prédécesseur à l'Académie)
» vit dans ses dernières années, et il en gémit plus
» d'une fois, il vit les écarts de cette nouvelle école
» qui, sous le prétexte de régénérer la littérature,
» ne tend à rien moins qu'à nous ramener à l'en-
» fance de l'art ; écarts qui viennent d'être flétris
» avec tant d'énergie dans le sein de l'Académie
» française. Une passion aveugle d'innovation, un
» besoin effréné de ce qu'on suppose n'avoir pas été
» fait, ont ouvert à des talents distingués des routes
» aussi fausses que bizarres. »

Suivent des malédictions en français et même en latin et des prophéties menaçantes à l'adresse des novateurs. Quarante-cinq ans ont passé sur cette prétendue rénovation qui bouleversait alors toute notre antique littérature, qui a enfanté tant d'écrits pour et contre, pour laquelle on se battait aux parterres de nos théâtres. J'ai connu un oncle classique qui a déshérité un neveu romantique. Que reste-t-il de tout ce bruit ? Qui songe aujourd'hui à diviser notre poésie en deux camps ennemis ? Faites de bons vers, classiques comme ceux d'André Chenier, romantiques comme ceux de Musset; intéressez, intruisez, charmez; invoquez Phébus ou Clémence Isaure, mais invoquez-les en bons termes: on ne s'informera guère d'où vous procédez.

Cette grande et longue lutte a eu sa raison d'être et son utilité. Elle a amené un compromis entre les deux genres. D'une part, le Parnasse et ses divinités ingénieuses sont rentrés discrètement dans la coulisse, et Aristote maintenant n'a plus autant et d'aussi fougueux thuriféraires. De l'autre, l'inversion forcée, l'enjambement systématique, le réalisme et la bizarre affectation des procédés romantiques ont fait leur temps. Le terrain déblayé des deux systèmes appartient maintenant à qui saura le féconder. Quant à notre excellent collègue, il porte haut et fier le drapeau classique. Il a horreur de la crudité des tons et du mot propre. S'il veut dire qu'un homme porte de faux cheveux, toupet ou perruque, il écrira :

> Au lieu des cheveux noirs dont la jeune forêt
> Ombrageait son visage, il implore à regret
> Les prestiges de l'art, et la fausse apparence
> Dont le crâne honteux couvre son indigence.
>
> *(La double échelle. 1858.)*

Plus d'un ici est capable de trouver que Delille, et après lui M. Ducos, n'ont pas eu tellement tort, et que le classique nous a donné une littérature que l'école romantique n'a pas encore surpassée. Je m'abstiens. Dieu me garde de rallumer cette guerre au Parnasse.

Maintenant que M. Ducos a affirmé ses opinions en poésie, continuons à scruter sa prose pour le remettre en pied devant vous. La tâche est bien simple. Notre confrère était un homme droit et d'une seule pièce. Ses préférences politiques seront aussi fermes et nettes que ses goûts littéraires. Il était libéral et grand admirateur du premier Empire. C'est dans l'éloge de M. Desazars, ancien premier Président de notre Cour, révoqué en 1815, que M. Ducos exposait ses principes, au cours de l'année 1833. Après avoir flétri avec énergie les crimes de la Convention, « qui, dit-il, confiait des lois de fer à la garde de l'échafaud, » il continue, et ajoute : « Cependant en
» entrant dans un nouveau siècle, la France entrait
» aussi dans de nouvelles destinées. A l'anarchie
» des fureurs populaires, au joug sanglant de la
« Convention, à l'ignoble despotisme du Directoire,
» succédait, tout à coup, le règne de l'ordre et des lois.
» On avait vu paraître sur la scène politique un de
» ces hommes dont la présence change les destinées
« des nations. Grand par son génie, célèbre par ses
» victoires, portant avec lui les brillants trophées
» de l'Italie et de l'Egypte qu'il avait conquises,
» le premier Consul s'était jeté au milieu de nos
» dissensions intestines. Sa voix puissante calma
» les passions politiques, et la France salua son
» sauveur. »

Dans ce même discours, après ce brillant éloge de Bonaparte, M. Ducos exalte en M. Desazars l'alliance intime de la science du droit et de la pratique des lettres, dont l'auteur lui-même, bien mieux encore que M. Desazars, fournissait le glorieux exemple. Heureuse puissance que l'on ne saurait trop louer dans notre temps, où l'on trouve encore de très-grands personnages qui n'ont que pitié pour les belles-lettres, et qui rient surtout volontiers des pauvres gens malades de poésie! Mais les favoris de la Muse rendent en dédain ce qu'ils reçoivent en compassion; et les esprits d'élite continuent, dans les sphères supérieures de l'intelligence, à goûter toutes les joies auxquelles leur nature exquise les rend plus sensibles.

M. Ducos étant ainsi bien convaincu d'être classique, libéral et admirateur de l'Empire, nous allons, dans deux autres éloges, démêler encore ses aptitudes particulières. Chargé en 1845 de l'éloge de M. Dralet, conservateur des forêts, et son confrère à notre Académie, il trouve des accents inspirés pour peindre les grandeurs de la nature. Le spectacle des Pyrénées l'émeut. Son style s'élève; son imagination s'allume. Le Vignemale, Campan, la vallée d'Aure, la Neste, sont autant de sujets à descriptions éblouissantes. Il cite avec amour les passages des écrits de M. Dralet où s'étalent ces splendides spectacles de Dieu. Que de fois dans ses écrits divers, entraîné par l'enthousiasme à la vue d'un site grandiose, d'une beauté pénétrante, ou d'une solitude intime, M. Ducos se répandra-t-il en phrases émues, en rêverie charmante, en vers passionnés! Nous le retrouverons souvent attiré, comme tous les vrais artistes, par les harmonies de la création et la contemplation sereine des richesses de l'univers. Son luth frémira tout seul devant elles comme il avait déjà fait en 1825 dans l'ode sur les Pyrénées qui lui avait valu le prix du genre à votre concours.

Dans l'éloge de M. Tajan en 1847, c'est l'amour du merveilleux et du dramatique qui illumine et transfigure M. Ducos. Il faut lire sa narration de ce crime théâtral qui, le premier, eut le triste privilége d'exciter jusqu'à la fureur la curiosité de la France et de l'Europe. Hélas! depuis lors, tant d'atrocités plus hideuses encore ont émoussé notre intérêt et blasé notre imagination ! M. Tajan avait été l'avocat de la famille Fualdès, et avait poursuivi comme partie civile la réparation du préjudice que lui causait l'assassinat de son chef, homme considérable, ancien procureur du roi, égorgé comme un animal immonde dans un lieu plus immonde encore. Notre confrère, avec tous les hommes de l'époque, a été frappé des apprêts sinistres de la maison Bancal, des joueurs de vielle, de l'horrible baquet et du convoi diabolique qui porte de nuit le cadavre à l'Aveyron. Ecoutez en quels termes il va nous dénoncer la présence de l'un des comparses de cette incroyable scène de l'enfer :

« A toutes ces circonstances déjà si émouvantes
» vint se mêler un épisode qui jeta le merveilleux
» dans ce drame. Une femme, une sorte de pytho-
» nisse apparut. Elle savait toute cette horrible
» histoire, et refusait de parler. Chez elle tout était
» fatal. Sa parole, si elle la laissait échapper,
» frappait comme un glaive. Son silence était encore
» plus meurtrier. Des crises nerveuses la plaçaient
» sur le trépied, et alors, dans une sorte de délire

» qu'elle ne maîtrisait plus, sa voix lançait des
» oracles, disons mieux, des sentences de mort.
» On l'entendait s'écrier : Une femme était là !
» Bastide voulait l'égorger. Jauzion lui sauva la vie!
» Madame Manson, puisqu'il faut la nommer, vint
» ajouter à ce drame funèbre un ressort du plus
» puissant intérêt ». Suit une citation de la plaidoirie de M. Tajan, hérissée de métaphores, gonflée de prosopopées, d'apostrophes, qui nous font mieux concevoir l'interruption de Vatinius, lorsque, terrifié par l'éloquence de Calvus Lucinius Macer qui l'accusait au forum devant le jury romain, il se leva en s'écriant : Mais, juges, est-ce que je dois être condamné parce que cet homme est éloquent !

Je termine, trop tôt pour moi, trop tard pour vous peut-être, la série des ouvrages purement académiques de M. Ducos. C'est par là qu'il m'a semblé plus facile de l'évoquer devant vous. Ses œuvres poétiques rapidement exposées achèveront de faire bien connaître ce regretté confrère.

Un grand nombre de fables, de pièces diverses, et enfin son œuvre capitale : l'Epopée Toulousaine, vont passer successivement sous vos yeux ; je ne puis guère qu'indiquer, sans l'analyser, cet ensemble un peu formidable. Je m'arrêterai seulement sur les sommets.

Avec la Fontaine, il semble que les bêtes aient dit tout ce qu'elles avaient à dire. Avec lui, chacune d'elles parle son langage, agit selon ses mœurs et ses instincts. Elles se meuvent dans leur milieu. Nous vivons avec elles dans un commerce harmonique où jamais rien ne détonne. Le grand maître a créé le genre et l'a épuisé. Avant lui, il y avait eu des fabulistes ingénieux, grecs ou latins. Aucun d'eux n'avait été aussi avant dans cette familiarité, dans cette intimité avec le monde animal.

Cette rivalité n'épouvante pas M. Ducos. Non-seulement il ose faire des fables, mais il prend encore les acteurs d'un des meilleurs drames de la Fontaine : La Cigale et la Fourmi. Il emprunte à son maître le vers de sept syllabes si vif et si incisif; et voici comment il lutte contre lui :

>Chacun sait que la fourmi
>N'est pas avare à demi.
>Pour servir à sa manière
>Ses amis dans le besoin,
>Et ne rien perdre à ce soin,
>Elle s'est faite usurière.
>La cigale en désarroi
>Dut subir sa dure loi.
>Un jour, elle se présente.
>La prêteuse était absente,
>Ayant quitté le comptoir
>Pour quelque pieux devoir.
>La cigale se ravise,
>Court aussitôt à l'église,
>Et là, quel est son bonheur
>D'entendre un prédicateur
>Qui tonnait contre l'usure ;
>Surtout quand elle s'assure
>Que la dévote fourmi
>Au sermon n'a pas dormi.
>La pauvre attend qu'elle sorte,
>Jusqu'à son bureau l'escorte,
>Et lui dit : « Ma sœur, ave !
>» Comment avez-vous trouvé
>» La morale de l'apôtre ? —
>» Il a bien fait son métier,
>Répond l'insecte usurier ;
>» Maintenant faisons le nôtre. »

> La cigale eut beau crier,
> On l'écorcha comme un autre.
> L'on dit : Il a bien prêché,
> Et l'on retourne au péché.

La fable a de l'esprit. J'aime cette fourmi qui n'a pas dormi au sermon. L'entrée en matière de la cigale est fine et naturelle : Ma sœur, ave! puis la rapidité de la fin : La cigale eut beau prier, on l'écorcha comme un autre.

Mais si c'est bien dit, est-ce aussi profondément pensé et mûri? Les cigales sont généralement assez peu sensibles au taux de l'intérêt. Que leur importe le taux de l'intérêt qu'elles ne paieront pas mieux que le capital?

Que de traits heureux dans les fables de notre confrère! Ici c'est l'oraison funèbre d'un lion empoisonné par un singe. Le renard, chargé par l'héritier de l'éloge du défunt,

> Etait un beau talent, mais qui venait de naître,
> Sortant du collége, encor brut,
> Et qui se tenait à l'affût
> De quelque occasion de se faire connaître.

Aussi s'en étant bien tiré, il est comblé d'honneurs. Il se frotte les pattes, et dit *in petto* :

> Parbleu! c'eût été grand dommage
> Que le singe n'eût pas empoisonné le roi.

Est-ce que les malheurs publics ne profitent pas toujours aux habiles, les révolutions aux déclassés, nos désastres aux fournisseurs? Faut-il aller bien loin pour en trouver la preuve, et notre pauvre confrère qui écrivait cela à l'âge de 77 ans, avant nos malheurs, l'aurait-il rétracté en 1870?

La fable intitulée : *Chrysalide*, qui fait l'éloge du travail et du recueillement, se termine par ces deux vers heureux :

> Le travail et la solitude
> Donnent des ailes au talent.

Je dois en finir avec les fables et aborder les pièces diverses plus intimes, moins générales, et qui achèveront de vous donner une idée exacte de l'âme honnête et sensible de M. Ducos, en attendant que son poëme épique manifeste la vigueur hors ligne de son intelligence et couronne cette oraison funèbre.

En 1826, une ode sur la mort de lord Byron et une élégie sur la mort du Bon Pasteur, lui méritaient les deux prix de genre de notre Académie. Pardonnons-lui son ode. Elle est pompeuse, compassée, alignée trop sagement au cordeau classique, mais elle a des beautés réelles, de la vraie grandeur, et fourmille d'idées libérales, chaudes et jeunes.

Pour l'élégie, elle a des teintes d'une sensibilité charmante. On porte le corps du bon pasteur au champ du repos; et la pièce se termine ainsi :

> C'est encor son troupeau que le pasteur visite,
> Sa cendre était promise à leurs mânes chrétiens.
> Aux larmes du tombeau son ombre nous invite,
> Il repose au milieu des siens.

Vers émus, simples, aussi doux que le sujet et qui remuent l'âme.

L'élégie la *Double Echelle*, est une heureuse paraphrase de ces vers d'Horace :

> Multa ferunt anni venientes commoda secum,
> Multa recedentes adimunt...

Le texte n'est pas neuf. L'auteur fait de la vie une échelle dont la cinquantième année forme, selon lui le sommet. Il me paraît bien indulgent, je crains que le sommet ne soit moins élevé, et je me figure tout bas que la plus belle moitié du genre humain pourrait trouver les hommes de 50 ans plus que mûrs; mais la pièce est bien exécutée. Le vers y est ferme, seulement les inconvénients de l'âge y sont mieux sentis que ses joies. C'est tout simple, l'auteur allait avoir 60 ans quand il écrivait.

Une autre pièce de vers, intitulée *la Procession aux bords de l'Ariége*, est, à mon gré, la meilleure pièce de notre confrère. Elle contient sur sa vie privée des détails pleins d'intérêt. En 1836, M. Ducos possédait une campagne au village de Clermont, au-dessus de l'Ariége. Au mois de mai, peu de temps après la mort d'une épouse qu'il avait aimée pendant huit ans d'une union sans nuage, il descendait aux bords de la rivière :

Par le rude escalier du sentier qui serpente
Du coteau de Clermont nous descendions la pente.
Je marchais le dernier, le cœur gros de soupirs,
L'œil en pleurs, succombant au poids des souvenirs.
Oh! pourquoi renouant une trame chérie,
Ne puis-je remonter le chemin de la vie,
Et remplacer mes jours si sombres aujourd'hui
Par ces jours de bonheur dont l'éclat m'a relui.
Ici pour moi tout parle. Ici tout me retrace
Cet ange de bonté, de pudeur et de grâce,
Ange qui m'apparut et puis qui s'envola,
Cet Eden de bonheur dont le ciel m'exila,
Les fleurs de mon hymen si tristement fanées,
Et ces huit ans, passés ainsi que huit journées.

La *Procession* déroule en ce moment ses splendeurs

parmi les saules et les osiers, émergeant tour à tour de la verdure et s'y replongeant ; la brise apporte des lambeaux de cantique. La procession s'embarque, traverse le fleuve :

> Je croyais voir auprès d'une onde poétique
> De cygnes voyageurs un chœur mélodieux
> Traverser en chantant le fleuve harmonieux.

Suit la légende qui explique l'origine de cette cérémonie traditionnelle. Tout cela est conté avec onction, avec l'âme brisée; et l'on sent à chaque mot couler les pleurs du poëte. On assiste de cœur à ce spectacle d'une mélancolie suave et pénétrante.

Je voudrais m'attarder longtemps encore dans ces œuvres légères pour ne pas aborder le dernier, le plus ambitieux titre de M. Ducos à l'attention publique, son poëme épique.

Pourquoi cette entreprise colossale? La renommée, l'estime, la gloire ne s'achètent-elles donc qu'au prix d'un si vaste labeur? Sept à huit méditations, quelques harmonies, qui lit le surplus des œuvres de Lamartine? Cinquante vers bien faits ont sauvé bien des poëtes de l'oubli. L'on ne connaît de Gilbert qu'une satire et une élégie, de Lefranc qu'une ode, de Millevoye qu'une élégie. Mais notre bon et cher collègue avait rêvé une gloire plus éclatante. Il n'a visé a rien moins qu'à être le rival d'Homère, de Virgile, du Tasse. Suivons-le donc, et prenons une idée rapide d'un poëme épique en 24 chants. Il le faut, j'essaye donc... *Alea jacta est.*

M. Ducos idolâtrait Toulouse. J'aurais déjà trouvé dans ses pièces diverses, et notamment dans des stances faites en 1854 sur la démolition d'une vieille tour du château Narbonnais, la preuve de sa filiale affection. Je réservais ce côté accusé de notre confrère pour le mettre à jour dans l'examen d'un poëme conçu tout entier en l'honneur de sa ville natale, intitulé *L'Epopée Toulousaine*, et consacré à ses compatriotes d'autrefois, *Gloriæ majorum*.

Empressons-nous de reconnaître que, quoiqu'il soit bien convenu aujourd'hui que le siècle est réfractaire à la poésie, et qu'il accueille les vers avec une superbe indifférence, M. Ducos a trouvé dans son cher Toulouse les appuis et les encouragements qui ne font jamais défaut à l'artiste consciencieux. Oui, Toulouse a tendu la main à son poëte, et n'a pas voulu que l'Epopée faite à sa gloire, ruinât son auteur. Le conseil municipal de notre ville et notre conseil général lui ont voté une large subvention pour pourvoir aux frais d'impression de l'Epopée; et trois cents souscriptions recueillies parmi ses compatriotes l'ont défrayé des dépenses nécessaires à la glorification de la patrie commune. C'est une preuve de plus du goût de notre pays pour les choses de l'esprit. C'était justice.

Notre recueil académique nous indique comment l'idée de ce travail effrayant est née et a germé dans la tête de l'artiste.

Faisant en 1841 la résumption des travaux de l'Académie, M. Ducos s'exprimait ainsi lui-même sur son propre compte :

« J'ai lu dans deux séances quelques essais d'un
» poëme épique dont le sujet est pris dans la guerre
» des Albigeois et dont le peuple toulousain est le
» héros. Je ne me suis pas dissimulé combien cette

» tâche immense est au-dessus de mes forces et même
» de mon courage, et je n'ai pas eu la prétention
» de composer une épopée. J'ai voulu seulement si-
» gnaler ce sujet magnifique à un talent capable de
» le traiter, et, si je réussis à susciter un poëte,
» j'aurai recueilli le fruit le plus doux et le seul
» que j'espère de mon travail. »

Notre cher poëte ne se faisait-il pas illusion?

Tourner à la gloire de Toulouse une guerre dans laquelle son hérésie lui fait perdre son autonomie, ses remparts et sa langue, n'était-ce pas une entreprise qui péchait par la base?

Tout le monde connaît la croisade lamentable prêchée par les légats du pape Innocent III contre l'hérésie albigeoise. Commencée en 1208, l'extermination dura longtemps après la mort de son principal acteur, Simon de Montfort, survenue en 1218.

Le poëte prend les événements au combat de Castelnaudary en 1210; c'est le temps où la fortune sera moins favorable aux efforts des croisés, car déjà, à ce dernier combat, la résistance a été vive. Montfort s'est jeté sur le comté de Foix. Il l'envahit, prend Rodez, Rabastens, Montaigu, assiége Montauban, brûle Moissac, soumet Cahors; mais les barons du Nord, envieux de ses progrès, désertent. Innocent III s'émeut de tant d'atrocités commises. Vainqueur de ses ennemis en Espagne, Don Pèdre d'Aragon se joint à Raymond VI comte de Toulouse. Ils sont battus à Muret par Simon. Don Pèdre y meurt sur le champ de bataille. Alors le pape, encourageant la résistance de Raymond, fils du comte, l'investit du comtat Venaissin, de la Provence et de Beaucaire. Les deux Raymond y sont reçus à bras ouverts. Beaucaire se soulève contre Montfort qui l'assiége en vain. Humilié, Montfort retourne à Toulouse qu'il pressure et désole de nouveau ; mais les comtes de Toulouse réunis au comte de Foix défont les croisés à leur tour, aux portes de Toulouse ; et la veille de la Saint-Jean, comme Montfort sortait de la messe, une pierre lancée par une machine lui cassa la tête.

Quoique cette mort, hélas! ne termine pas la lutte, là s'arrête le poëme.

Certes il y avait dans ce grand débordement du Nord sur le Midi des faits bien épiques. Une héroïque et sanglante figure s'en détachait vigoureusement, celle de Simon de Montfort. C'est ce qui a passionné M. Ducos. Toulouse, sa patrie bien aimée, était en scène, son sort se jouait dans ces luttes. Nous avons vu par ses aveux qu'il ne comptait d'abord que placer quelques jalons pour un Homère futur. Mais il s'échauffa à ce labeur tant et si bien que, dix ans après ces essais, le poëme était sorti tout armé de son cerveau.

Mais ce n'est rien que de s'emparer d'un grand sujet et d'un grand personnage. Il faut les éléments si complexes d'un drame immense.

Pour M. Ducos, c'est Toulouse qu'il faut glorifier quand même. Comment d'événements si néfastes, qui finiront par la rayer définitivement du nombre des états indépendants pour n'en faire plus qu'un fief du roi de France, tirer un sujet de gloire? Comment reléguer au second plan Simon de Montfort, homme rude à manier, et qui défendra sa situation historique, trop bien définie à une époque récente et trop connue, pour pouvoir être raisonnablement altérée?

N'importe, M. Ducos fera de Raymond VI un souverain qui ne favorise pas l'hérésie ; de son fils, qui n'était encore qu'un enfant en 1210, un rival de Montfort; et c'est ainsi qu'il infléchira l'histoire au but qu'il se propose.

A ces données, il ajoutera tous les ressorts connus de l'épopée, inventés par Homère, et si souvent imités de près ou de loin, de Virgile à Voltaire.

C'est d'abord le récit fait par Marcel à don Pedro pour l'engager à lever l'étendard à côté de Raymond, son beau-frère. Ce récit qui remplit quatre chants, rappelle l'origine de la croisade et les faits de guerre antérieurs. C'est le même procédé employé par Enée pour mettre Didon au courant de ses affaires ; par Henri IV pour intéresser Elisabeth d'Angleterre. Puis viennent des descriptions de jeux si souvent traitées d'Homère à Virgile, et de l'Enéide à la Henriade. Un palais enchanté où la fée Elna transporte Raymond fils, comme Armide fait pour Renaud ; comme l'île enchantée que Camoens fait sortir des mers pour rafraîchir Vasco de Gama. Viennent ensuite la descente obligée aux enfers qui est de tous les poëmes épiques ; le bouclier divin, tel que Vénus l'avait fait faire à Vulcain pour son fils Enée ; la sœur de Pierre d'Aragon va redemander à Montfort le corps sanglant de son frère, souvenir bien vif de la grande requête adressée par Priam à Achille : μνήσθαι πατρὸς σοῖο..... Marcel délivrera Raymond des enchantements d'Elna, comme Ubalde délivre Renaud de ceux d'Armide, Mornay Henri IV des enchantements de Gabrielle d'Estrées, outre les scènes pareilles de l'Odyssée, de la Lusiade, et de Télémaque.

L'Occitanie apparaît à Montfort comme Rome à César dans la Pharsale; comme saint Louis à Henri de Bourbon ; comme le fantôme qui sort des eaux pour prédire aux Portugais les maux qui les vont assaillir; enfin, Arnaud et Bernard meurent ensemble dans les mêmes circonstances que Nisus et Euryale.

Certes, voilà bien des souvenirs classiques. Eh bien, convenons que, malgré ce secours, il a fallu à M. Ducos un bien grand talent et un bien rare courage pour imaginer, créer, enchaîner et déduire l'ensemble et les détails de ses vingt-quatre chants. Avez-vous réfléchi à ce que doit avoir de connaissances, de souplesse, de tenacité, de conscience, celui qui mène à bien l'œuvre colossale qu'on nomme un poëme épique, qui doit y raconter des voyages, y peindre mille exploits, y mettre en jeu tous les sentiments de l'âme, parler politique et religion, ouvrir des conciles et tenir des conseils de guerre, faire manœuvrer des armées et défiler des processions, lutter aujourd'hui des guerriers et demain des troubadours, et faire s'entretuer nobles et manants de cent façons diverses. La tête tourne rien que d'y songer.

C'est pourtant ce qu'a exécuté M. Ducos, et l'on ne peut nier, qu'une fois son cadre accepté, l'exécution n'étincelle d'incontestables beautés. Le sac de Béziers raconté par Marcel est un morceau considérable qui peut se lire après le sac de Troie. Le poëte trouve pour le peindre des accents inspirés, brûlants de patriotisme. La description y est animée, brillante, terrible et gracieuse tour à tour dans les détails. Le peuple réfugié dans l'église de Béziers va y trouver une mort épouvantable. Avant de la décrire, l'auteur s'arrête avec amour devant les riches sculptures de l'église, et nous dit :

> L'artiste avait chanté dans ce poëme en pierres
> Les gloires des aïeux, ses amours les plus chères.

La course des taureaux, la tenue du concile, la mort d'Arnaud et de Bernard, ont des mérites variés et atteignent quelquefois au sublime du genre ; et toujours Toulouse plane sur le poëme, et y prête à l'auteur ses meilleures inspirations. Son amour pour sa ville natale éclate à tout propos. Voyez ses chants sur Saint-Sernin, sur la procession des corps saints, le château Narbonnais au deuxième chant ; ailleurs, quand Raymond revient de nuit à Toulouse après une longue absence, écoutez, écoutez comme l'auteur parle. Y a-t-il des accents plus émus dans Marino Faliero quand Casimir Delavigne exhale les enivrements de l'âme de Fernando revenant à Venise?

> Tout ce qu'il peut entendre et tout ce qu'il peut voir
> Le saisit, le pénètre.... Eh ! quelle âme flétrie,
> Après un long exil retrouvant sa patrie,
> N'eût pas tremblé d'amour?.. Comme un chant solennel
> Le murmure lointain du fleuve paternel
> Monte à lui. De ses bords sa poitrine brûlante
> Aspire avec bonheur la brise caressante.
> Comme son cœur palpite au bruit de son cheval,
> De ses pas cadencés foulant le sol natal !
> Toulouse, en te voyant, quels transports il éprouve !
> Quelle il t'avait laissée, et quelle il te retrouve !...

Dans ce même chant, Toulouse est personnifiée en héroïne. M. Ducos y arrive à un délire sublime. Il la compare à un serpent réveillé par la chaleur...

Ainsi Toulouse aux fers que son joug humilie
Longtemps dans le cercueil paraît ensevelie.
Mais sitôt que Raymond, brisant ce joug fatal,
De ses pas adorés presse le sol natal,
Au moment où l'on croit que sa force succombe,
Toulouse se ranime; et du sein de sa tombe
Déchirant de ses mains le linceul de la mort,
S'élance, et fait pâlir le lion de Montfort.
La voilà qui renaît, prête au choc des batailles,
Avec ses étendards, ses créneaux, ses murailles,
Ses portes que protége une herse, une tour,
Et ses larges fossés à l'humide contour;
La voilà! c'est Toulouse avec sa face altière!
Toulouse d'autrefois, triomphante, guerrière;
Jetant à l'ennemi l'éclair de ses regards,
Et dont trente vassaux pressent les étendards.

Oui, M. Ducos fut vraiment poëte. Que de qualités exquises, quel intérêt n'a-t-il pas donné même à tous ces emprunts au vieil arsenal épique! Dans notre époque si peu poétique, on lit avec un intérêt soutenu ce gros poëme, quand on a la résolution et la force de l'entreprendre. On l'avait commencé avec des préventions bien concevables; on est étonné de se sentir attiré, charmé et absorbé par le rouage de cette effrayante machine; le poëme marche, vit et vous entraîne avec lui. Ce n'est pas un petit mérite que d'avoir ainsi évité la monotonie et l'ennui dans cette immense création. C'est qu'il y a à tout moment des coups de fouet inattendus, des *vers-éclairs* qui traversent les tableaux assombris, comme celui que l'évêque Arnaud prononce au concile:

Et Dieu parle assez haut pour imposer son choix.

Ce concile lui-même, quel mouvement, quelles oppositions de caractères, de discours; quel cliquetis d'intérêts immenses et contraires ! le dernier discours de l'évêque de Lyon surtout, chaud, véhément et suivi de la chute de la statue de saint Pierre, qui écrase l'orateur, et dissout le concile.

Tel est l'ouvrage auquel notre Ducos a consacré dix ans de sa vie. La postérité seule lui assignera son rang définitif ; mais, en attendant, dors en paix, intrépide athlète. Nul n'a plus de droits que toi au repos d'outre-tombe. Ta vie fut austère, ton labeur effrayant. Le travail épure l'homme ; la méditation l'idéalise. Tu as volontairement quitté les voies de la fortune pour enfanter l'œuvre grandiose que tu as portée dix ans dans ton cerveau. Quel que soit le sort de ce poëme ; qu'il ait un jour cet éclat posthume qui va quelquefois rafraîchir et consoler dans leur tombeau les grands martyrs de l'intelligence, ou qu'il soit déjà, par l'indifférence de notre époque pour la poésie, condamné à tomber dans l'oubli, tu n'en auras pas moins fait tes preuves de vigueur et de génie. Car tu as tenté l'épopée profonde ; tu n'as pas reculé devant le projet de raviver les grands chocs des nations : mœurs des peuples, politique, religion, fêtes, gloires et désastres, tu as tout abordé, tout coloré, tout élargi ; en un mot, tu as essayé, selon ta puissance, ce grand chef-d'œuvre qui a mérité à Homère le surnom de *divin*.

Quant à vous, Monsieur, à qui l'Académie ouvre aujourd'hui ses portes avec empressement, je me félicite d'avoir été chargé de l'éloge de M. Ducos, puisque c'est cette tâche qui me donne le droit d'être ici le premier à vous offrir mon compliment de bienvenue. Nous vous accueillons avec d'autant plus de plaisir, que nous connaissons déjà par vos nombreux travaux, par vos savantes recherches, par tant de succès littéraires, la valeur de tout ce qui émane de vous. Vous serez le digne remplaçant de votre prédécesseur, toujours prêt à nous livrer quelque nouveau produit de sa pensée. Comme lui, vous avez d'ailleurs le culte de nos belles contrées, et vous avez, comme lui dans son poëme épique, élevé plus d'un monument qui témoigne bien haut de votre filiale affection pour le Midi et ses idiomes : *Gloriæ majorum*.

Mais je dois m'arrêter dans ce que j'aurais à dire d'honorable pour vous, et me souvenir que c'est l'éloge de M. Ducos que l'Académie m'a confié. Le jour où l'on fera le vôtre est encore bien loin, Dieu merci ; car, disons-le bien bas, nous sommes un peu chez nous comme les simples mortels, nous ne louons les nôtres que lorsqu'ils ont cessé d'être ; et si j'allais plus loin dans l'appréciation de tout ce que vous avez fait de remarquable, vous pourriez bien m'interrompre pour me dire ce que disait autrefois Martial à ses écrits :

> Mais si la gloire enfin ne vient qu'au trépassé,
> Tout beau, modérez-vous, je ne suis pas pressé.
> *Vos tamen o nostri ne festinate libelli,*
> *Si post fata venit gloria, non propero.*

Toulouse, imprimerie Douladoure, rue Saint-Rome, 39.

www.ingramcontent.com/pod-product-compliance
Lightning Source LLC
Chambersburg PA
CBHW060645050426
42451CB00010B/1213